JN411057

촉감

문학의전당 · 신작시집
촉감

초판인쇄 2009년 11월 15일
초판발행 2009년 11월 20일

지 은 이 나석중
펴 낸 이 김충규
펴 낸 곳 문학의전당
출판등록 제387-2003-00048호(2003년 9월 8일)

주　　소 121-718 서울특별시 마포구 공덕2동 404번지 풍림VIP빌딩 202호
전화번호 02-852-1977
팩시밀리 02-852-1978
블 로 그 http://blog.naver.com/mhjd2003
전자우편 mhjd2003@naver.com

I S B N 978-89-93481-42-6 03810

촉감

나석중 시집

문학의전당

自序

가도 가도 끝없는 길
바삐 갈 길도 아니요
더디 갈 길도 아니다

길 잃지 말고

오르막길
내리막길
한 생 출렁이며 가자

●●● 차례

1부

2부

3부

4부

1부

춘천春川

그래서 춘천은 젊지
'춘천' 이란 '봄내' 나는 말이지
물오른 춘천에는 봄 처녀인 소양강 처녀가 살지
송어의 속살 같은 그녀에세
버들가지 하나 드리웠으나
빙어 같은 마음 한 마리 얻질 못했지
소양댐에서 피어나는 물안개 같아
다가서면 저만치 물러서고
물소리에 젖은
낮달 하나 가슴에 떠 있었지
강을 타고 온 외로움이 발목을 적시는 곳
흥얼흥얼 새로 난 혈맥 위를 밀물 쳐 가면
춘천은 저 아스란 강 끝, 처녀림 빼곡한 섬
콧노래 부르며 자리 펴기 좋은
'춘천' 은 '봄내' 나는 말
그래 춘천은 젊지

나이테를 위한 변명

그의 일생은 어느 여름날
심심해서 던진 물수제비의 흔적이 아니었다
그건 나무의 울음이었다
나무가 울고 간 파문이었다

붙박인 삶이라고
사는 것이 고만고만한 나무는
슬프고 괴로울 것 없을 것이라 단정하지만
뿌리는
하루에도 몇 리를 물 길러 나갔다 와서
끙끙 앓는 것이었다
생이 아파 우는 것이었다
저 수만 마리 이파리들 뙤약볕 아래 나와
아우성치고 있었던 것이었다

그 우듬지에
새의 둥지를 무상으로 세들이고 바깥소식을 듣긴 하지만
저 산 너머가 궁금하여
마음으로 가서 세상을 읽고 오는 것이었다

한 덩이 파문을 던져보는 것이 소원인
나무는

창

열어놓은 창을 통하여
옆집 갓난이 울음소리가 나팔꽃처럼 넘어온다
배가 고픈지 무서운 꿈을 꾸었는지
보채며 우는 아가 울음소리에도 애 엄마는 어디 갔는지
울음소리는 더더욱 가시에 찔린 듯 자지러진다
안타까움을 넘어 은근히 부아 끓어오르고 가슴 졸이고
지금 한밤중 남한산성 너머 잠 멀리 달아났어도 아가야
제발 소용없는 울음을 멈추어라. 아가야,
나는 아가를 마음으로 보듬고 간절히 다독여 준다
아가는 울면서도 창 넘어간 내 마음을 받았는지
금세 거짓말처럼 조용해진다. 적막해진다
옆집 아가는 신통하다. 나도 이제 마음의 창 열어놓고
집 나간 그를 맞아야겠다

물별

우리 해님이
용접기 들이대고 있다
수면에 불꽃 튀기며 그리움을 접붙이고 있다
저것은 뻥튀기의 향기
손뼉 치며 달려오는 아이들의 함성
조용히 잠기고 싶은 별들의 꿈
거기 돌멩이 하나 던지면
향기도 함성도 꿈도 깜빡! 사라지다가
다시 잽싸게 돌아가는 환등기
…저것들은 죽지 않는다
영원한 젊음과 향기가 팽팽하다
곰곰 짚어보면 돌도 꽃도 물별*이다
하늘과 땅 사이, 그리고
안개와 나와 바람과 구름 사이

*물별 : 물결에 햇빛이 비쳐 별같이 빤작거리는 모양

바람 부는 날

나뭇잎 무수히 떨어진다
마스크를 쓴 사내가 대빗자루 들고 거리를 쓴다
나뭇잎들은 순서를 밟아 조용조용 지고 싶지만
오늘은 바람의 심술이 심하다
괜히 나뭇잎들만 뒤죽박죽 미안하고 무얼 뉘우치는 얼굴로
떨어지고, 떨어지고, 떨어지고,
사내도 입에 지퍼를 굳게 채우고 괜찮다는 듯
그깟 일 이골 났다는 듯
지전 한 뭉치 흩날린다는 생각도 지우고
쓸어내고, 쓸어내고, 쓸어내고,
나뭇잎 무수히 떨어진다

맑을 淸

나는 도마에 오르지 못한
양파의 마른 껍질 같다
밤새 오그라든 육신을 펼치며
농든 아침을 이마에 맞는다
쫓기는 꿈을 꾸었던가?
저절로 삭제된 꿈을 애써 기억하지 않는다
그러나 숫눈길을 혼자 걸어가며
한 사람 사랑했던 죄를 뉘우친다
뽀도독, 뽀도독,
한 사람 미워했던 죄를 뉘우친다
검불덤불 세상은 짝 가라앉고,
지금
사과 칼로 내 영혼의 껍데기
여지없이 베어지는 소리 듣는다

점點

낯빛이 옥잠화인 이 여자
이 여자의 아랫입술 아래 왼쪽 볼우물 기슭에
저 반짝이는 참새 눈망울 같은 점 때문일까
무슨 점이냐고 내가 물으니
식복食福을 가져다주는 점이라 한다. 이어 말하기를
이 점 때문인지는 몰라도
평생 밥 먹고 사는 데는 걱정 없었다고 파르르 웃는데
얼핏 눈가에 그늘 한 잎 나부낀 것 같아서
나는 엉뚱하게도 그 식복에 입을 대고 싶다
이 점 데려다가 인생의 불씨를 새로 던지든지
그냥 마침표를 찍어도 좋겠다는 생각이 들기도 하는
저 안개 걷힌 호수에 돌멩이 하나 풍덩 던지고 싶은
점 · 점 · 점 · 모를 점이다

거짓말

북한산 기슭, 삼천사 병풍바위에 새겨진 근엄하신 삼천사지 마애여래입상 앞에는 천 년 전에

무릎 꿇고 두 손바닥 마주 대고 앉은 사람 있다

그 사람

눈바람에 할퀴고

비바람에 씻겼다

무르팍은 뼈가 드러났고 골지고 주름진 손에 오다가다 새똥만 떨어지고 아직껏 이루지 못한

서원 있어 계속 합장하고 있다

혀

저곳에 들앉아 살던 생령들
맞창을 내고 어디로 떠났을까

아기 손바닥만 한 돌
치설齒舌의 톱니가 뚫어 놓은 작은 돌
엄지손톱보다 작은 조개가 뚫어 놓은
구멍 세 개

문득, 저 세 채의 빈집들은
하늘에 띄워 보낸
그들의 삼생三生을 일러 주는 것 같다

아, 나에게도
꿀같이 부드러웠으나
송곳 구멍 내고 떠나간 혀가 있다

그 혀가 관통했던 구멍에서
자꾸자꾸 찬바람이 스민다

그믐께

요즈음
하늘 우러러보는 일 많아졌다
찬바람이
마른 안구를 씻어주기 때문만은 아니다
이따금 걸려오는
아이들의 안부전화도 눈물 나고
한참을 잊고 살았던 얼굴들
화들짝 조리개 열고 떠올리는 일도 눈물 난다
그러고 보니
이미 누가 한 말인지는 모르겠으나
눈물이 약이라는 말을 하고 싶구나
그 눈물이
내 몸 한구석 남은 상처 하나까지
꾸둑꾸둑 마르게 하고 있다

모새물

남의 집 무밭에 솟아난 무 밑동을 보면
그 미끈한 다리 뽑아들고 싶었던 희푸른 보릿고개 너머
어머니 똥깨 무거운 아들 둘러업고 허둥지둥 정거장 약방에 간다
이 부자 집 텃논 바닥 마른 벼 그루터기마다 소용없이 움 돋아날 때
이윽고 윗집 막둥이네 할아버지 쇠심 같던 해소에 져서 덩더꿍 꽃상여 타고 집 떠나고
봄이 왔다고
우수도 지나고 이미 날 잡아 놨다고
열아홉 아까운 우리 누나 열여덟 까까머리 총각에 끌리어 시집가는 날은 왜 그리도 서러웠던지요
나 지금 큰 동네 고샅길 도둑같이 들어
덧없이 흘러갔던 갑자甲子를 속으로 부르면서
서른다섯 우리 어머니 등짝에 엎디어 흔들흔들 꿈길 잠기어 간다

*김제시 신풍동의 큰 동네가 있는 지명

껍데기

신발을 닦으며
문득 생각한다
이 쇠가죽 구두는
얼마나 요긴한 껍데기인가
담아주었던 제 속 알맹이 어디 두고
저 홀로 껍데기만 남아
냄새 나는 남의 발 감싸주고 있다
쪼이지도 헐겁지도 않은 안식
순하고 순해서
닦으면 닦을수록 빛이 난다
낯가죽 두꺼운 껍데기에
부비여 살던 날 뉘우친다

묵비默非

때글때글 물 좋은 꼬막들
입 다물고 있다

씻고
닦고
얼러줘도 입 열지 않는다
주리를 틀겠다고
삶아 죽이겠다고
술안주로 먹어버리겠다고 해도 묵묵부답

그 입 이제라도
시퍼런 가위를 펼쳐
누굴 베어내는 소리도 할 법하건만
솥에 삶아지고서야,

입은 열되 말이 없다
갯벌의 참꽃이다

걱정이 많아졌다

이를테면 난
아직도 버려지지 않은 구형 냉장고가 아닐는지

요즈음 새벽이면
무척 목마르고 쉰 듯하다

제 몸을 데우려는 쪽과 식히려는 쪽 사이에 얽힌
긴장 온도를 힘들게 지탱해 온
한 마리의 늙은 짐승이라고나 할까
끊어질 듯 이어지는 냉장고의 거친 숨소리를 듣자면

그 앞에 혼자 누워 자는 나는
나도 모르게 끄르륵 덜컹, 무호흡증이 아닐는지

입정入定

쥐 오줌 얼룩진 방 천장을
파리 한 마리가 겨우 받치고 있다

손을 놓으면
천장이 주저앉을 듯이 끙끙 떠받치고 있다

더 자세히 올려다보니
빈 껍질만 그대로 말라 있다

오히려 천장이 파리의 초라한 박제를
안간힘으로 끌어 잡고 있다

측백나무

왜 혼자 왔느냐고
얼핏 볼을 스치며
한 점의 바람 어깨 너머로 흐른다
두 번 다시는
왜 혼자 왔느냐고 더는 묻지 않아도
왜 혼자 왔느냐는 그 한 말씀으로도
나는 민망하고 송구하구나
두 분이 나란하게 누워
생전보다는 다정하게 사시는 것 같구나
잘 자라주어
언제나 공손하게 시립한
두 그루의 측백나무가 효자다
내가 미안하구나
왜 혼자 왔느냐고

모란역

모란역에서는
사람이 모란이다
저마다 일용할 양식을 얻고자
가파른 생의 계단을 오르락내리락
서로 어깨를 스치며 발걸음 바쁘다
요즈음 밤거리는 촛불 켜고 뒤숭숭하지만
일터에서는 나조차 잊으며 열심히 일하는 일벌들
저녁에는 만면에 모란꽃 활짝 피우며
집으로 돌아가겠나?
집에서 잉잉거리는 어린 새끼 벌들에게
한 끼의 저녁때를 흡족하게 먹이겠느냐?
어쩌다 오다가다 구석진 그늘 밑에
철지난 신문지 위에
힘없이 떨어진 꽃잎 보이기도 하지만
모란역에서는 모란꽃
지지 않는다

2부

느티나무

괜찮다
몸 한구석에 귀뚜라미가 울어도.

보이지도 않는 귀뚜라미는 왜 와서 우는지
요즈음 보이지도 않는 아들에게 섭섭한 생각이 들 때
나는 깜짝깜짝 뉘우친다
하늘에 계신 아버지도 나에게 서운한 때 많았을 것이라고.

그러니 아들아 너는 걱정하지 마라
모든 게 철부지해 가는 이 느티의 심사
너도 일가를 이룬 나무, 몰아치는 비바람 잘 견디며
귀뚜라미처럼 괜히 와서 우는 일 없도록.

해가 짧아지면서 오른쪽 무릎에서 악기 소리가 나지만
몸이 알아서 현 한 줄 심심치 않게 튕겨주는 일
이제 뼈가 닳고 가슴이 바트는 일도
괜찮다. 괜찮다

금성金星

조용히
웃으면서 내밀던 사과 한 알
나에게 사과할 일이 많고 많아서
그대 뜨거운 심장을 떼어 내밀었던가
내 여윈 손 안에서 펄떡이던 저 슬픈 사랑이
내 희고 작은
영혼의 접시 위에 동그라니 아직 살아있구나!
그러나 마침내는 주름지고 속으로는
힘없이 삭아들겠지. 온몸으로 받아들였던 사랑과
햇빛의 단단한 압축을 풀며 새빨갛다 못해
검어져 가는 지독한 향내 발산하며 한 번 더
내 손이 닿기 전에 서녘으로 사라지겠지
나의 저물녘에 낙관 하나 번쩍 찍어놓고
그대는 아무렇지도 않게 조용히,
조용히……

늙은 호박

그냥 늙었다는 말보다 단단히 쇠였다는 말이 옳으리라
탱탱하다/잘 익었다/윤기 돈다
살면서 웬만큼 바람 드는 일쯤은, 열 받는 일쯤은
끄떡없을 것 같은 묵인으로 꽉 친 노련함이 보인다
잠시 이깟 늙은이를 뭐에 써먹을까 생각했던 일이 미안하고
송구해지는 이 둥근 몸통 속에는 무엇이 들었을까
중지 마디를 구부려 톡톡 비장품을 두드려보니
곯아 터지지 않은 맑은 음악이 통통 튀어 오른다
이미 두어 차례 서리를 맞고도 대지의 탯줄 끊지 않은
아직도 수유 중인
이 늙은 아이를 며칠은 더 두고 봐야겠다

깡통

저 사람
한바탕 꿈 깨었다
뜬 구름 하늘가에
꽤 오랫동안 서성인 것 같은데
하나님이 눈 깜박일 사이
이 새 저 새 폴폴 날아가 버리고
저 사람
하늘 우러러 개처럼 짖고 싶다
비탈에 떼굴떼굴 굴러 내리는
쪼그라진 깡통에
저 사람
깨갱~ 깽
빈 소리만 남았다

딸그락딸그락

붕~ 붕~

조금 전, 여객선 뱃고동 울리며 넘어간 수평선 끝자락에 아직도 몇 알의 알섬들 풍뎅이같이 가물가물하다.

이도 저도 더 나아가거나 물러설 수 없는 데까지 흘러온 각진 제 몸과 마음이 있다

닦고
깎고
용맹정진하고 있는 몽돌 밭이 있다

예까지 와서 그들은, 한세상 되는 대로 살고 싶은 생각도 불쑥, 불쑥 나기도 하겠지만, 그때마다 철썩, 철썩 서로 뺨을 때리며 기울어 가는 정신을 깨운다. 일으킨다

내 몸도 기꺼이 거기에 섞이어 온몸 몽그라지고 둥글어진다

딸그락 딸그락…

겨울맞이

시절은 가을을 벗고
나는 가을까지 입던 청바지를 벗고
그간 홀대했던 연둣빛 코르덴바지를
뉘우치듯 꺼내 입었다
이 잘 늙은 바지의 반듯한 깊은 주름 속에는
지난겨울의 무사했던 외출과
내가 만났던 사람들의 따뜻한 시간이 깃들어 있다
나는 또 한겨울을 이 시간 속에 머물 것이니
동지섣달 긴긴 날도 걱정할 것 없다
눈이 배꽃처럼 내리는 아침엔
나는 겅중대는 강아지처럼 반길 거야
엊그제 시골에서 햅쌀이 올라왔다고
제수씨가 나눠준 쌀 두어 말도 눈물겹고
누이가 가져온 김장김치 두 상자도 있으니
흥, 오히려 이 고마운 겨울이
너무 짧을 것도 같다

폐경기를 넘어

지난날의 기억은 새같이 날고 어림 반 푼어치도 안 되는 몸만 바닥났다
젖은 어둠을 열고 생애에 저 파닥거리는 환희의 숲 속에
우리는 얼마나 둥지같이 깃든 적 있나
짜낼 것도 없이 밭아버린 사랑, 인제 닿지 못할 그리움은 꿈으로만 수놓네.
날지 못하는 황폐한 젖무덤에 무엇을 파종하고 무엇을 수확하랴
비로소 실제보다 화려한 상상으로 살자!
나는 밤마다 유순해지는 도둑고양이, 골목마다 쏟아진 별들을 기웃거리고
눈 부릅뜨고 고목 위에 앉아 있는 그대는 난폭한 발톱만 갉아 세운다

만남

관중貫中! 관중貫中!
인연이란 서로 눈 맞추어 광채가 나는 것
뭉게구름 위를 걸으며 돌을 찾는다
매의 눈살 꽂히는 유효사거리
무한량한 돌밭에서 수수만년의 돌의 잠을 뒤적이며 깨운다고
어디 돌 같은 돌을 만나랴

얼핏 저만치서 먼저 눈을 뜨고 나를 바라보는 돌이 있다
나의 중심을 뚫고
시위를 떠나보낸 무수한 화살 중 하나가 지금 돌아오고 있다

날 저문 사랑이여!
처음 우리의 만남도 그렇게 광채가 났었다

처량한 밥

저를 보고 말없이 웃으신다
큰 조카라고 특별히 기억하시는 걸까?
차마 입에 올리기 불경스럽고 송구하지만
살난큼 사신 미수米壽에 봇내 먹통이 되신 듯
자식도 모르고
조금 전 진지 자시고도 밥 줘, 밥 줘, 보채시는
밥 먹고 똥 싸서 벽화를 칠하는
오직 살아있는 기억은 처량한 밥뿐인
마침내 무거웠던 한 생이 가벼워졌다
두어 시간 만에 한 줌의 가루로 대면하는
우리 이모
바람에 폴폴 날리겠다. 이제야 당신의 눈으로
우주의 밥으로 돌아가신
당신의 완전한 해방을 보시겠다

일박一泊

예까지 와서 돌 꿈을 꾸다니! 돌밭을 가기 전야야 늘 선잠 들곤 하였지만 돌밭에 와서도 잠을 뒤척이고 말았다. 모두 그리움 때문이다. 몽돌 자글자글 동그라지는 소리, 가덕도 어깨 너머로 떠오르던 해돋이가 꽃샘 강풍이 그친 아침의 농소 앞바다를 희망처럼 비춰주고 있었다

얼마 후
붕~ 붕~ 긴 고동을 그리며 배 한 척 도착하였다. 알 낳듯이 자동차 몇 대가 빠져나와 길 좌우로 사라지고 딱정벌레 같은 차 한 대 부동산 가게 앞에 멈추었다.
"이미 땅값이 많이 올랐어요…." 얼핏 어젯밤 민박집 주인의 말인지 일행 중 누구의 말인지를 들은 것 같다

나는 돌밭에서 놀자. 친구에게 택배를 부치고 싶은 이 살가운 공기와 다정한 경치가 모두 공짜란다. 오래지 않아 가덕도와 거제 간에 공사가 시작되면 이 무량한 돌들도 모두 그 대교의 뼈대가 되리라

이 돌 좀 봐라. 사랑도 까먹는, 좀 비틀어졌어도 이 배추 색 바탕에 새겨진 신공을 보아라. 어느 화공이 이만큼 채색 낼 수

있으랴. 배부르지 않아도 기념 석 두어 점 챙기자. 돌밭 없어지고 아시아에서 제일 긴 대교가 생긴 후 이게 농소 돌이라고 옛이야기 하나 만들어 보자

왜 이딴 돌의 허기는 채워지지 않지? 돌밭에서는 왜 금세 배고프지?

자장면

산동반점에 들어가 자장면을 비빈다
점심과 저녁 사이
하얀 면발에 까만 자장을 비빈다
장마가 잠깐 소강상태에 돌입했을 때 헛물켜고 남은 헛헛증
그만 눅눅하고 저물어져 갈 것들을 비빈다. 자장면을 비비면
검지도 않고 하얗지도 않은 어혈 같은 면발도
목 안에 호르르, 아릿하고도 서럽구나
교복을 입은 여학생 서넛이 조기 앉아 비비는 허기는
시끄럽게 웃고 활짝 꽃 피우고 있구나
내 평생 처음 자장면을 만날 때가 언제였지?
어렴풋이 꽃냄새 스밀 때인지 언뜻 생각나지 않아도
비 온 뒤 칠월 호두 잎같이 윤나는 저 아이들 건너보며
오랜만에 자장면 한 그릇 불어터지게 비빈다.

섬

오늘따라 당신을 향해 가면서 뱃멀미가 심하다
배를 타고 왔어도
이름은 섬이라도 섬은 아니다
닭 울고 개 짖는 소리가 나는 곳은 섬이라도 섬이 아니다

저기 저 올망졸망 떠 있는 어린 것들이 섬이다
그 뒤 가물가물한 눈망울들이 섬이라면 진짜 섬이다

이제
당신과 나도 서로 아득하게 바라만 보는 섬이다

원죄原罪

석양을 쬐며 저 거드름 피며 가는 긴 뱀은
얼마나 눈부신가!
누가 땅바닥을 배때기로 기며 흙 한 점 묻히지 않을 수 있나?
비록 까마득한 옛날,
끈질기게 유전하는 조상의 턱없는 죗값이라지만
하나도 주눅 들지 않고 세상사 오불관언인 저
황금 옷의 낭인 뒤에서
감히 어느 누가 또 침 뱉고 속닥거릴 것인가!

구두를 닦으며

현직을 고만두고 어언 십 년
신발 바꿔 신지 않았다
판 박은 검정 구두에 오줌방울 튀겨도 그저 그만
개싱 없는 제화制靴이긴민
낯가죽도 두꺼운 극우 반동이면 어떠냐?
벗어나기 어려운 궁상이면 어떠냐?
캄캄한 어둠조차
닦으면 닦을수록 빛이 난다
무정에서 유정으로 찾아가는 길
오늘 하루 나서는 발걸음 가볍겠다

뿌리

장마를 배웅하고서 부산하다
해맑은 날 아름다운 세상 굽어보려고
저마다 확보할 영지를 향해 꿈틀꿈틀
산을 내려오는 발걸음도 뿌리를 뻗는다
남한산성유원지 입구에서
봄을 쟁여 넣는 뻥튀기 할아버지는
오늘도 펑펑 먹는 꽃잎을 낳는다
불평 없이 돌아가는 저 새까만 기계는
사시사철 산기産氣 멈추지 않는 임부
그 배부른 자궁 안에
메마르지 않은 뿌리가 있다

개복숭아

지지리, 어디서 끌려갔던 울음 삭이고 있을까
그 여자 말없이 꽃 필 때는 누가 거들떠보지 않았다
그 여자 잎 내고 말 더듬거릴 때만 해도 참 복숭아와 별반 다를 게 없었다
그 여자 어느 날부턴가 일본위안부처럼 종적이 묘연해지곤 했는데
알고 보니 익지도 않은 연둣빛 그 처녀의 순결이 문제였던 것이다
따 먹으면 눈도 맑아지고 고목에 회춘까지도 돌아온다는 헛소문이 돌면서
오늘도 어느 중늙은이가 산성 오르는 후미진 곳에서
뻰뻰스럽게 그 여자 훑어가는 것 보았다
이름이 천하면 명은 길다 하였건만 그렇게, 지지하게

죽순 밭에서

달콤 씁쓸한 소문의 진원지
닭 잡아먹고 오리발 내놓는 저 왕성한 정력
쭈뼛쭈뼛 들어 내놓는 저 발톱
선선히 부러지지 않고 짜그라지며 부서지는 저 똥고집
마디마디 차올라 고절高節이라 부르는 저 명성

3부

수평선

홀리듯 사람이 멀리 온 까닭은
먼저 발자국을 찍고 바다 위를 걸어간 사람이 있기 때문

둥근 북 위에 한 줄의 팽팽한 현을 한 번 힘껏 잡았다 놓는 것만으로도
그리움은 북을 찢고 바다를 쏟게 할 것이지만

하늘 끝을 바라보던 저 사람이 마침내
뚜벅뚜벅 걸어서 홀로 건너가는 바다 너머 저쪽

저물녘

집에 돌아와
그냥 잠기고 싶었지요
빈손으로 집에 돌아와 참새 떼 소리
탱자나무울타리에 박혀 소란스러우면
아궁이마다 짚불을 때고
집집마다 연기가 피워 올랐지요
참새는 보이지 않고
누런 탱자만 보이던 가시울타리를 보면
목에 아릿한 슬픔 솟아났지요
슬픔은 막 떠낸 술처럼 취해서
눈앞엔 안개 서리었지요
내일은 또 어디 가서 그를 찾을까
안개 낀 푸른 늪 속에
그냥 잠기고 싶었지요
잠기고 싶었지요

똥껍질

조기 다닥다닥 붙어있는
소 눈망울 같은 까만 오동나무 열매를 보고 있으면
영락없이 내가 오동껍질이나 되어서, 거기
신달 바람이 찝쩍찝쩍 실없이 부아를 돋우는 것인네
화투판 같은 이 세상, 오동껍질이 빠져도
그 누가 한 세상 온전히 치고 나갈 수 없겠냐마는
비 오기 전 개미 떼가 줄줄이 이사하듯
꼬리가 꼬리를 무는 공연한 생각은
모쪼록 하늘 새라도 애틋한 열매 몇 낱 물어다가
어디다 오동나무 푸른 마을을 가꾸어
그 오동나무 잎사귀마다
바다에 나가 돌아오지 않은 그리움의 곳이 있을 터이며
불현듯 어느 시인이 그 곳 귀퉁이마다 마음 줄을 매달아
하늘 높이 연을 띄우면
하늘이 땅이고
땅이 하늘이 될 듯도 싶지 않겠는가?

초월初月에게

어떻소?
그대는
눈 밝은 수술실의 봉합침縫合針이나 되어서

구멍 난 양말을 신고
남의 눈에 띄어서
나 멋쩍게 웃을 때

그 구겨진 서글픔 속으로 그대 들어와
해진 속조차 꿰매주면
어떻소?

나무의 둥근 울음

이 비밀 언제 숨겨 놓았나
서럽고 번쩍 반갑기도 한 이 울음
불혹의 나이테를 돌며 우는 이 나무의 둥근 울음을 어떡하나

잡목 숲을 지나 우리는 이 소나무 숲에 자주 들리곤 해서
언젠가 삭정이 같은 몸 기대어 몸도 마음도 아파서
그때, 그 여자의 제비꽃입술 파르르 떠는 것 같았지만
두 눈은 노란 민들레꽃처럼 웃고 있었지만

나 오늘 혼자 어쩔 줄 모르네
이 짙푸른 나무의 정적을 뚫고 들리는
배고픈 아이의 옹알이 같은 이 나무의 오래된 울음을

황사

밤을 꼬박 새우고도
낮잠 오지 않는다
겨자 물 엎지른 듯 재채기가 나올 듯
노릇노릇 얼룩진 포도를 건너
게으름을 피우며 산등성을 오르는데
어머니의 가뭄 끝에 온 아버지 비는
어젯밤 언제 떠났는지
유랑의 길 건성으로 왔다가 정 붙이지 못하고
괜히 마음만 흔들고
발부리에 먼지 일고
층층나무 위에 피어오르던 하얀 희망의 꽃들도
이제는 뿔뿔이 흩어진 구름.
요리조리 하산 객을 비켜주며 올라와 보니
밑동 잘려나간 참나무 그루터기 위에서
건너편 도봉산도
수락산도 보이지 않는다
땀을 닦으며 보던 그리움도
오늘은 막연하다

어떤 미소

내가 물을 주면
물을 머금고 당신은 생기가 도는
내가 당신을
당신이 천하 명서이어서가 아니라는 것쯤
우리 남한강 기슭에서 홀연히 만난 그 인연이
강바닥만큼은 깊었다는 것쯤
하, 당신도 그럭저럭 이미 다 알고 있다는 듯이
내 아침저녁으로 물을 주면
당신은 당신의 주름진 몸의
모자라고 남는 부분을 몸소 채우고 베어내려는 듯이
안으로 낑낑 당기고
밖으로 끙끙 내밀고
산자락 뚝 떨어진 곳은 미골처럼 낮추고
몸 굽혀 안간힘으로
천 척쯤의 아늑한 배 들이를 내보이려는
나의 목마름을 위하여 당신에게
내가 물을 주면

상추

“혼자 살면서
이 많은 상추는 무슨…”
지나가는 실바람에 한마디 보냈더니

“이렇게 찾아주면
고마워서 드리려고…”

오늘은
고마워서 드리려고 한다는 이 한 말씀이 시詩다
시가 별거냐
이렇게 쉬운 말로 감동먹이는 참말이 시 아니더냐?

상추는 제 잎 아프게, 아프게 내놓지만
즐겁게, 즐겁게 따는 주인을 보고 참는다. 잘 참는다

“사나흘 지나면 새 잎 돋아나는데
그때는 누가 또 오실 때까지는 손 안 대지요”
이 집주인이 또 한 연을 잇는다

모두 시인들이지만

아직은 영혼의 배창자가 헛헛한 사람들
올망졸망 상추 봉지 받아들고
상추같이 부드러워진다. 상추쌈같이 배부르다

시詩를 닮았다

진열장에 넣고 보는 몇 점의 돌들
이들은 읽고 또 읽어 암송해야 할 문장을 가득 담고 있어
그들의 이력을 다 헤아릴 수 없네
그들의 천명이 언제까지인가를 단언할 수 없네
어떤 것은 찌고 삶아져 말씀에서 홍삼 냄새가 나고
어떤 것은 깎이고 닳아져 반 토막 말같이 어눌한 듯하나
함부로 남의 심장 찌르던 말의 뼈 추려낸
바람의 말씀, 물의 말씀, 태양의 말씀, 우주의 말씀 가이 없어라
외로움과 슬픔과 그리움과 회한을 섞어
단단히 응축된 말씀이야말로 보석 같은 시詩, 한 점의 수석壽石이리라
배꼽 빠지게 웃는 돌,
잘리어 허리 아래뿐인 돌,
가부좌를 틀고 명상에 드신 돌,
한꺼번에 춘, 하, 추, 동, 을 담고 있는 돌,
파도를 넘고 폭풍을 건너온 수만 말을 죽이고 살아남은 씨알의 말
말없이 읽히는 말씀 넉넉하다

폭우

당신의 철석 같은 가슴에
나도 대못을 친 적 많았을 것이외다
당신은 주시기만 하시고 받는 것 하나 없이
참을 만큼 참았다가 당신은
아프고
서러워서
이리 그칠 새 없이 우시는 것이외다
세상 어떤 자식 하나 붙잡고 푸념할 수도 없어
당신도 외롭다고
몇 날 며칠을 철철 우시는 것이외다
삼라만상이 당신 것이지만
당신은 가장 가난한 부자이외다
이렇게 해 주세요
저렇게 해 주세요
다 큰 놈들 더 달라고 어린애같이 보채고
당신 가슴에 텅텅 못 박고
당신의 목숨마저 앗아가려는 탕아를 보고
당신은 꺽꺽 우시나이다

오디

어머니도 먹은 것이 있어야
젖 물이 나오지

저것은
젖몸살 앓던,
입안이 흠뻑 젖도록 빨지는 못하고
깨물어 비명 지르던 어머니의 빈 젖꼭지

쇠젖 먹고 자란 요즈음 아이들은
눈길도 주지 않고 그냥 지나치는 저 애벌레 같은 것이
한때 나에겐 일용할 양식이었네

어머니는
저것 몇 됫박 따서 장날 나가 쌀보리와 바꿔 왔네
바꿔 와 멀건 풀죽 쑤었었네

죽 그릇에 떠오르던 서럽고 환한 그 보름달
오늘도 눈 딱 감고 떠먹네

도비도搗飛島* 앞바다

난데없이 까치 두어 마리 미명을 깨우고 가지만
오늘은 그대에게 가기로 작정한 날
집에 어떤 손님이 올 것인가 부질없는 생각을 버린다
저마다 혈구血球를 싣고 상행 하행 흐르다 보면
서둘러 닿는 곳이 바다 아닌가
한 발 디뎌 닿을 듯한
섬, 섬, 섬,
그리운 돌 향기 불어오고
작년에 왔다가 이제 오느냐고 말하는 그대에게 술 한 잔 따라 부었다
술 한 잔에 그대는 넘치는 술잔, 마냥 마셔도 취하지 않는 그대는 넘치는 우정 그대 곁에서 밤은 왜 짧은가, 듣느냐?
떠도는 영혼처럼 대답 없는 쉰 목소리를 듣느냐?
오기된 역사를 걱정하지 않았고
대책 없는 독도를 걱정하지 않았고
읽지 않는 우리 시를 걱정하지 않았다
다만 그대는 거듭 말하네, 내년 이맘때 또 올 것이냐!

*도비도 : 충남 당진군 석문면에 있는 자연생태공원. 원래는 작은 섬이었으나 대호방조제 축조로 간척지가 생기고 당진군과 연결되었음.

퍼포먼스

바람의 뼈가 단단하다
연체의 허리 부러질 염려 없고, 들숨만으로도 숨 찰 일 없다
허벅지를 다 내놓은 장대 같은 아가씨의 가슴 힐끔힐끔 굽어보며 말복 더위도 아랑곳없이 논두렁을 떠나 신장개업 집 앞에 참새를 쫓기는커녕 뱁새까지 불러들이는 춤추는 저 허수아비, 지칠 줄 모르는 저 신명난 제의祭儀를 보면

나 문득 무당춤이라도 추고 싶다
스무 살이 되어도 한 살의 지능뿐이라는 그 애물단지의
아직껏 입 터지지 않고 머리 트이지 않은 지성이*를 위하여 지상의 모든 도움 신들을 맞이하고 싶다.

*6세 난 지체장애아

폭포 앞에서

앞도 모르고 태연자약 걸어가던 저이들도 두려움을 아는구나
아무리 느닷없는 일이어도 저 천 길 낭떠러지 위에서는 조심해서, 조심해서 동아줄이라도 잡고 내려오지 않고

날갯짓 푸덕거리는 시늉도 하고 서로 옷자락 부여잡고 새하얗게 질려서,
저들의 전생이 사실은 새보다 가벼운 구름이었던 것을 잊고, 구름을 관통하여 날던 새만 부러워하고 있구나

그러나 금세 저 냉정함을 보아라
상처 하나 없이 금세 옷매무새 고쳐 입고 뒤도 돌아보지 않고 제 갈 길 가는
아무 일도 없었다는 듯 고개 쳐들고, 뒷짐 지고 흥얼흥얼 가는 저 양반네!

적벽강

충남 금산군 부리면 수통리
붉은 기암절벽을 적벽이라 하고 그 아래 흐르는 금강을 적벽강이라고 부르니
물속 미끄덩한 돌덩이 자꾸 뒤집어 보고 이마의 땀방울 강물에 보태며 이끼 낀 돌 틈에 흘러가는 마음도 마냥 붉습니다

달랑 되지도 않은 기념 석 하나 챙기면 뭣하냐고, 끝내 그 하나의 돌 내려놓으며 미안하다고 말합니다. 돌에 객쩍은 말 한마디 하고 나니 갑자기 우울 한 가닥 강물에 비친 산그늘에 얹히는데 흐르는 물 위에 뜬 산그늘은 왜 함께 흘러갈 줄을 모르나!

수초 사이를 들락거리며 깔깔거리는 웃음소리도 들리는, 희뜩 뻰득 송사리 떼를 보고 있으면 검정 고무신을 벗고 미루나무 길을 달려 방죽에 이르고 저만치서 파초 잎 머리에 쓰고 여우비 맞던 유년의 길이 발치에 이릅니다. 한 생이 아득히 흘렀지만 눈앞에 바투 보이는 적벽입니다. 적벽에 부딪쳐가는 강물입니다.

혹 이 강물 이미 십팔 년 전에 흘러갔던 그 강물 아닌가? 두

어 세상 구름으로 떠돌다 다시 안식의 바다 그리워 찾아가는 길 아닌가? 이 강에 또 언제 올지는 모르지만 면면히 흘러가라 강, 무치의 돌멩이 어루만지며, 우두커니 깊어져 가는 저이의 발목도 적시며, 힐끗 노을져가는 눈시울도 일별하며…

벌초

이제라도 뉘우치는 마음으로 아슴푸레한 기억을 더듬어 가는 김제시 백산면 남산리
느닷없이 아무도 없는 외가동네에 내려와 나를 서글프게 하는 것들이 있으니

추석이 내일 모렌데 자손 끊기어 쑥대머리 못 깎은 남의 무덤에 잡풀 우거진 것,
비 올라나 산비탈에 허둥대지 않고 이사 가는 검은 깨 같은 한 줄의 개미 떼 보는 것,
지난 6.25 난리 통에 보따리 싸들고 허둥지둥 남하하던 새까만 피난 길 떠오르는 것,
서울에 돈 벌러 간 외삼촌이 의용군으로 북녘에 끌려간 후 아직도 소식이 감감한 것,
외할머니는 그 삼대독자 외삼촌 기리다가 그예 보지 못하고 여기 아주 누워계시는 것,
혼자 남아 자그락자그락 숟가락으로 빈 양푼을 긁는 게으른 매미 울음소리 듣는 것,
개도 짖지 않고 적막이 포장 친 두메 골에 잠은 오지 않고 별빛만 흑흑 흐느끼는 것,

밥 한 그릇

토기에 퍼 올린
한 그릇의 고봉밥이다.
보기만 하여도 배부른 밥이다
먼 데서 벗님네가 보내준 이 한 점의 돌을
썩 좋은 말로 그간 설산경雪山景이라 이름 불러 주었으나
이 돌 보면서 삼복더위도 물리쳤으나
인제 보니 한 그릇의 쌀밥이다.
퍽 먹어도 퍼 먹어도 줄지 않고 쉬지도 않는 밥.
세상에! 가난하지만 밥은 굶지 말라고?
허허, 그랬던가?
그랬던가,

4부

촉감觸感

내 잠을 스쳐가는 빗소리
앞마당 묵은 살구나무가
머리를 감고 있다

옷을 벗고 마당에 나와
맨몸으로
가뭄 끝 단비를 맞는다
누군가 헝클어진 내 머리를 쓰다듬는다

차디찬 볼을 핥아주던
따뜻한 염소 혓바닥

한밤중에 와 닿는
비의 손끝

이 달디 단 입맞춤을
사랑에 주린 사람이 아니면
알지 못하리라

첫 세수를 하고

세수를 하고
돌을 씻고 있다

어제가 묵은해를 보내는 마지막 날이었고
오늘은 새해를 맞는 첫날이라고 해서
방안의 낡은 가재도구며 살림살이의 허름한 면목들을
오랜만인 듯 처음인 듯 매만져보는 것인데

불현듯 그것들도 식구들이 아닌가,
문밖에다 모아 놓은 수석들 생각이 나서
그 수석 몇 개 들어다가 물로 씻는 것인데
살이 무른 아기를 첫 세수시키듯
괜스레 미안하고 안쓰럽고 안타까운 것인데

창틈으로 비치는 한 줄기 햇빛에 떠도는
먼지같이 가벼운 것들, 환하게 비치는 것들,
지난해에 떠나보내고 소식 끊은 그립고 아련한 것들,
가슴 바닥에서 치솟다가 가라앉는 슬픔까지
조심조심 씻겨주는데

손끝이 차가운 새해 첫날 아침에
첫 세수를 하고,

갈매기 다방

어디를 가든
항구에는 다시 찾아오는 갈매기가 있었다
정적이 식은 묵처럼 가라앉은 오후
정적의 방울을 건들며 뎅그렁 들어오는 사내가 있었다
바바리코트를 입은 바바리코트의
낡은 구름을 입고 온 사내가 창가에 가서 짐 부리듯 앉는 것이었는데
이 사내 창밖의 바다를 등대처럼 바라만 보는 것이어서
이미 주문했던 찻잔 갖다 놓았어도 거들떠보지 않고
누구의 안부가 궁금하여 수평선까지 다녀오는 것인지
차차로 갯바위가 드러나는 사내의 몸에서
철썩철썩 파도치는 소리가 밀려오고 있었다
또 한 사람 새카만 바다 사내가 포말을 물고 헤엄치듯 들어오고 있을 때
그제야 먼저 사내가 식은 찻잔을 입에 갖다 대고 있었다
어디를 가든
항구에는 떠나지 못한 갈매기가 있었다

일식日蝕

대낮에 어느 죽은 철학자가 살아와서
허리 굽혀 등불을 밝히고 걸어갔다
밤에는 꿈 별들이 쏟아지지 않는다
주점의 형광등은 치매에 걸려 깜박이고
모퉁이에 발산한 욕구불만에서는 지린내가 난다
오늘은 무릎 꿇리며 마른 한파가 쳐들어왔다
나무들은 우듬지의 성장점을 멈추고
야옹야옹 직장에서 쫓겨난 고양이들의 눈에는
망우리공동묘원이 그지없이 평화롭다
이제 자판에 반짝이던 연애감정을 불러오고
차마 버리지 못한
서랍에 굴러다니는 뭉툭한 만년필을 찾아서
다시 누런 편지지에 잉크를 묻힐 때다
먼 보릿고개 너머로
나는 추억의 파랑새라도 날려볼 참이다

지병

나는 이따금
단박에 혼절할 것 같은 때가 있으니
누가 내 뇌수에 한 방울의 독물을 떨어뜨리는 것 같다
그 독물 서서히 번지며 스며들면 잠시 앞이 핑그르르,
요즈음은 오히려 그 어스름의 황홀을
가물가물 즐길 정도로 친해지고 있다
그건 아직 건강검진에도 나타나지 않는 전인미답前人未踏
가냘픈 내 영혼이 고무공 속 바람처럼 빠져 나오며
저를 담아주었던 집을 뒤돌아본다. 또 뒤돌아본다
약간의 불안을 몰아내고 그간 정까지 든 이 친구를
나는 차라리 마중이라도 갈 일이다.
죽음도 이렇듯, 까다로운 통과의례 없이 반갑다고
과객처럼 뚜벅뚜벅 걸어온다면
저만치서 걸어온다면…

짐

뼈가 있든 없든
애먼 소리로 나를 몰아 부치지만
나는 저 사람의 기를 꺾지 않겠다
살다보면 때로는
남의 욕도 고스란히 받아먹기도 하고
가까스로 구석에 밀리는 것도 시험 아닌가!

바야흐로 하늘은 닦은 유리창이다
여기저기 익을 만큼 익은 것들
마침내 떠날 때 되었다고 짐 꾸리고 있는데
나도 어디론가 뚜벅뚜벅 걸어가고 싶은데
나는 짐도 행장도 갖출 수 없는
내 한 몸조차 큰 짐이다

맹세

자그마한 호수가 퍽이나 마음 깊다

하늘까지 들이어 놓고
새가 날아왔다 가고 구름도 기웃거리다 간다

나는 이제
이 깨지지 않는 거울에 다시는 돌멩이 던지지 않겠다

이 탐조등 벗어날 수 없다
나 하나의 죄도 깜깜 감출 수 없다

자그마한 호수가 퍽이나 엄중하다

묵언默言

오늘따라 걷는 길 몹시 흔들리네.
산이
골짝물이
나무와 바위가
열심히 받아 적으라 하나
눈은 어둡고 귀는 가늘어서 詩,
제대로 받아쓰지 못하네
이쯤 해서
집에 돌아가 시들어가는
물건이나 만지작거릴까 생각하는데
불현듯 산과山果 한 알
쿵!
머리를 쥐어박네

솟대

내가 금세 맞아야 할 겨울이 어떤 것인지는 모르지만
나는 저 하늘을 질러가는 기러기무리에 섞이고 싶다
내 시집을 받아본 고향 친구들은 뭣도 모르고 그냥
대단하다. 대단하다 하는 말 빈말 같지는 않았지만
나는 이 저문 늦가을에 내가 참 우습고도 지루하다
나는 나무 끝에 앉아 꼼짝 않는 저 한 마리의 새이다

벼루

서산마루에
막 떨어지는 노을 한 잎 올려다보다가

귀가가 더딘 어스름
한두 번 소 울음소리 길게 들릴 때

먹을 갈고
패인 웅덩이에 보름달 하나 일찍 떴다

낙죽烙竹

볕 좋은 봄날 새가 허공을 박차고 날아오른다
태양의 불씨를 모아 온몸으로 낙죽을 치고 있다
죽 - 죽 - 용솟으며 쌓인 허공의 마디가 굵다

컵

이미 나는 불의 사나이
섭씨 1,200도의 불구덩이에서 구워져 나온 나는 불의 사나이

이깟 100도쯤의, 찻물의 뜨거움은 느끼지 못한다

그러나 오늘 이 여자는 너무 뜨겁구나
이 여자의 바르르 떠는 입술을 내 견딜 수 없구나

마이 도 투이 융*

너를 꽃이라 부르고 싶다
자꾸만 꽃이라는 생각이 들어서

꽃이면 무슨 꽃?
이 궁리 저 궁리해보는데

장미꽃?
장미꽃이라 부를 생각은 없어, 그 꽃
평생 몸에 가시 버리지 못하는 꽃인 걸

그렇다고 접시꽃 당신**은 아냐
그 흰 꽃
자심한 청상 냄새가 서럽거든

어쩐지
어떤 긴 싸움에서 이기고 돌아온 너를
한 떨기 붉은 동백이라고 하자

베트남에서도
동백꽃이란 거 있는지는 몰라도

자꾸만 꽃이라는 생각이 들어서

*베트남 아가씨

**도종환의 시 「접시꽃 당신」

더위가 한풀 꺾이었다는 말

엊그제 모란시장*에 가서 여기저기 기웃거린 적 있다
사람과 상품과 시끄러운 소리가 요리조리 섞이는 걸 보는 재미로 어릴 적 어머니 꽁무니를 놓치고
그렇게 복작대던 여름 끝에 와서, 더위가 한풀 꺾이었다는 말은 한철 잊힌 외로움이 다시 시작된다는 말

홀로 산성을 오르는 길
떡갈나무 숲을 지나 산사의 풍경 소리를 내고 살갗에 와 닿는 이 서늘한 바람은 지금 어디서부터 오는 길인가?

불현듯, 더위가 한풀 꺾이었다는 말 속에는 짐승이 살찌고 나무가 마르고 나무 같은 사람도 꾸둑꾸둑 여위어갈 것이니

하염없이
빽빽한 토란잎 그늘에서 기어 나온 작은 풀벌레 같을 것이니

*모란시장 : 성남에 있는 5일 장

결핵結核

나뭇가지에 걸린 찢어진 풍선은 풍선도 아니지

뢴트겐에
잎맥만 남은
한 잎의 나뭇잎

바람의 혼이 빠져나간 무력감으로 오그라들던 시대가 있었으니

허기진 詩와
배고픈 연애가
식은땀을 흘리며
불면과 노이로제를 낳던

나뭇가지에 앉아만 있던 새는 새도 아니었지

삼부자

어떤 하늘 같은 이가
당신의 손바닥 위에
엄지와 중지를 모아 퉁겨낸
흩어졌던 삼부자 만나
밥을 먹는다
뜨거운 밥을 먹는다
차가운 술을 마신다
먹는 일보다
마시는 데 더욱 익숙한 삼부자는
마시어도 마셔도 취하지 않는
불혹의 연대로 하강하고 싶은
아버지의 객쩍은 목소리가 제일 크다
어릴 적 두어 번 매 맞던 일도 잊고
어느새 제 식구 밥 먹여주느라 머리까지 성깃한 첫째
결혼 삼 년차인
베트남에서 온 둘째는 아직도 신혼 중이라고
기온이 낮은 한국에서는 술에 취하지 않는다고
그렇지, 그렇지 오랜만에 만났는데
꼭 술에만 취하겠느냐
이렇게 머리가 맑고 서야 취하겠느냐

슬픔도 마른 꽃잎이 된 지 오래
분노도 마른 분수가 된 지 오래
소주 몇 병 가지고서야
고까짓 취하겠느냐

산수유나무

시월은 무른 생
젖 먹던 힘까지 보태어
붉게 여물게 하는 달이다

요 나란한 열매들을 보면
토끼 눈 치켜뜨고
감탄사 연발하던 사람 생각난다

잎도 내지 않고
노란 꽃 우산살 펼치어
맨 먼저 봄소식 전해주던 그,

산수유나무,
산수유꽃,
산수유,

이 나무에 얽힌
가상한 사연들 오래 듣다 보면
서서도 편히 잠이 오는 나무다

슬픔으로 빚은 하얀 영혼의 접시

마경덕(시인)

한동안 눈을 감고 어둠 속에 앉아있었다. 잠을 스쳐가는 빗소리가 나지막이 들리고 앞마당 묵은 살구나무가 빗물에 머리를 감고 시인은 잠을 털고 일어나 비를 맞으러 마당으로 걸어 나오고…순간 시인도 한 장의 적막한 풍경이다. 나석중은 차분하고 나지막한 어조語調로 풍경을 바라보다가 그 속으로 걸어들어가 번번이 풍경이 되고 만다. 시인은 시적 대상에 초점을 맞추고 독자를 그 풍경 속으로 말없이 끌어들인다. 삶의 연륜과 관조觀照의 힘이 느껴지는 그의 시들은 애틋한 여운을 남긴다. 돗자리에 누우면 스며드는 골풀 냄새 같은 것, 산허리를 감고 피어오르는 저녁연기 같은 것, 빈 가지에 홀로 우는 새 울음 같은 것, 구만 리 허공을 헤엄쳐 온 안족雁足 같은 것… 뼈가 저리는 이 쓸쓸함은 어디에서 오는가? 나석중의 시편들은 처량하고 맑은 여음餘音으로 하염없이 서럽다. 시적 사유는 명상적이고 고요한데 저릿저릿 온몸으로 퍼져가는 힘찬 기운이 있다. 그 서정적인 여음 속에 로뎀나무 숯불처럼 오래 꺼지지 않는 뜨거움이 있고 바람에 우는 대숲처럼 서늘한 기운도 있다. 고저와 강약을 아는 나석중은 시를 켤 줄 안다. 몸을 한 바퀴 돌아 나온 떨림, 그 떨림이 닿는 자리에서 다시 울림이 시작되어 마음에 잔잔한 파문을 일으킨다. 눈물로 상처를 치유하는 시적 방법론이 나석중의 힘이다. 시인은 울림을 얻기 위해 몸을 조율하고 켜고 켠다. 당겨야 할 때와 늦춰야 할 때를 아는 나석중은 분명 울림통이 좋은 시인이다. 그가 연주한 시들은 누군가에게로 날아가 고요한 떨림으로 오래 기억될 것이다.

내 잠을 스쳐가는 빗소리
앞마당 묵은 살구나무가
머리를 감고 있다

옷을 벗고 마당에 나와
맨몸으로
가뭄 끝 단비를 맞는다
누군가 헝클어진 내 머리를 쓰다듬는다

차디찬 볼을 핥아주던
따뜻한 염소 혓바닥

한밤중에 와 닿는
비의 손끝

이 달디 단 입맞춤을
사랑에 주린 사람이 아니면
알지 못하리라

-「촉감」 전문

살구나무도 사람도 모두 가물어 시의 무게중심은 '쓸쓸함'에 쏠려 있지만 그 무게가 시의 중심을 이루고 있다. '헝클어'짐을 통해 시인이 보여주는 것은 '주림과 메마름'만이 아닌 '외로움'이다. 외로움이 잠자는 시인을 일으켜 세우고 빗속으로 불러내어 머리를 쓰다듬는다. 촉감은 직접 몸에 닿는 것인데 그렇다면 닿지 못하는 것들은 얼마나 서러운 것들인가. 차디찬 볼을 핥아주던 혓바닥 같은 사람은 지금 어디에 있는가. 모처럼 쏟아지는 빗물에 살구나무가 찌든 머리를 감는 밤, 한밤중 옷을 벗고 나와 맨몸으로 받는 비의 손끝이 그대로 전해진다. 어둠 속에서 비를 맞는 시인의 맨발은 수만 리 허공을 젓다가 바람에 부르튼 기러기의 발이다. 발로 뛴 세월이 한순간 멈춰 서서 비를 맞는다. 눈물마저 가물어 눈물을 흘리듯 비를 맞는다. 이렇듯 처량하고 나직한 목소리로 슬픔을 아름다움으로 바꾸어 놓는 것이 나석중의 시적 특질이다.

엊그제 모란시장에 가서 여기저기 기웃거린 적 있다

사람과 상품과 시끄러운 소리가 요리조리 섞이는 걸 보는 재미로 어릴 적 어머니 꽁무니를 놓치고

그렇게 복작대던 여름 끝에 와서, 더위가 한풀 꺾이었다는 말은 한철 잊힌 외로움이 다시 시작된다는 말

홀로 산성을 오르는 길

떡갈나무 숲을 지나 산사의 풍경 소리를 내고 살갗에 와 닿는 이 서늘한 바람은 지금 어디서부터 오는 길인가?

불현듯, 더위가 한풀 꺾이었다는 말 속에는 짐승이 살찌고 나무가 마르고 나무 같은 사람도 꾸둑꾸둑 여위어갈 것이니

하염없이

빽빽한 토란잎 그늘에서 기어 나온 작은 풀벌레 같을 것이니

–「더위가 한풀 꺾이었다는 말」 전문

"한풀 꺾인 더위"는 '한철 잊힌 외로움'과 맞물려 있다. 즉 더위가 기승을 부릴 때는 삶이 치열하였다는 것인데 '치열'은 곧 '일상'이요, '현실'일 것이다. 그동안은 잠시 잊었던 것들이 바람이 서늘해지면서 되살아나, "짐승이 살찌고 나무가 마르고 나무 같은 사람도 꾸둑꾸둑 여위어 하염없이 빽빽한 토란잎 그늘에서 기어 나온 작은 풀벌레 같을 것"이라고 했다. 여기서 시적 주체는 무성한 토란잎 그늘에서 하염없이 쏟아지는 '풀벌

레' 같은 '외로움' 이다. 나무가 마르듯이 생각은 늘어 가는데 무엇인지도 모를 풀벌레 같은 것들이 다시 기어 나와 또 한철 몸을 말릴 것이다. '여름의 끝' 은 어머니의 치맛자락을 붙잡고 다니던 아이가 치맛자락을 놓쳤을 때의 기억으로 다가와 잠자는 고통을 흔들어 깨우고 시인은 그 고통에 기꺼이 몸을 내준다. 서늘한 바람은 토란잎처럼 무성한 '외로움' 이 시작되는 계절. 시인은 '외로움' 과 자주 몸을 섞는다. 시인의 몸에는 깊이를 알 수 없는 '슬픔' 이 저장되어 있다. 블랙홀과 같은 '구멍' 에서 하염없이 솟아오르는 '슬픔' 은 곧 詩로 환치된다. 시인에게 친밀한 '외로움' 은 그를 담금질quenching한 '고통' 의 기록들이다.

그의 일생은 어느 여름날
심심해서 던진 물수제비의 흔적이 아니었다
그건 나무의 울음이었다
나무가 울고 간 파문이었다

붙박인 삶이라고
사는 것이 고만고만한 나무는
슬프고 괴로울 것 없을 것이라 단정하지만
뿌리는
하루에도 몇 리를 물 길러 나갔다 와서
끙끙 앓는 것이었다
생이 아파 우는 것이었다

저 수만 마리 이파리들 뙤약볕 아래 나와
아우성치고 있었던 것이었다

그 우듬지에
새의 둥지를 무상으로 세들이고 바깥소식을 듣긴 하지만
저 산 너머가 궁금하여
마음으로 가서 세상을 읽고 오는 것이었다

한 덩이 파문을 던져보는 것이 소원인
나무는

-「나이테를 위한 변명」 전문

위의 시에서 '나이테'는 울음으로 환치된다. 파문처럼 둥근 테를 지닌 나무의 나이는 하루에도 몇 리를 물 길러 나갔다 와서 끙끙 앓는 '울음의 흔적'인 것이다. 붙박인 뿌리는 일상에서 한 치도 벗어날 수 없는 억압된 삶이다. 육체적인 감각이나 마음에서 발생하여 언어로 표출되는 이미저리imagery는 사물과의 교감을 통해 이루어진다. 시적 대상이 몸에 들어와 생성의 시간을 거치고 표출되었을 때 울림은 더 커진다. 시적 묘사의 구조는 관찰이 작품의 중심축이다. 시인의 거시적 안목은 미시적 관찰에서 시작된다고 할 수 있는데, 시인의 눈은 미세한 떨림도 놓치지 않는다. 시적 떨림을 효과적으로 전달하기 위해 나석중은 자연을 끌어들이고 간접의 방식으로 대상과 이어진다. 자연에서도 그가 선호하는 것은 '나무'이다. 그래서 그의 시들은 담백한 '식물성' 에 가깝다. 또 그가 즐겨 사용하는 시적 장치는 과거를 통한 현재의 반성, 즉 회고적 시점이다. "한 덩이 파문을 던져보는 것이 소원인 나무"는 산 너머가 궁금하여 마음으로만 세상을 읽고 오는 소원을 이루지 못한 현재 또는 현실이며, 파문은 이루어야 할 '미래' 이다. 그의 심정적 토로에는 낡아가는 것에 대한 '아쉬움' 과 '회한' 을 '외로움' 이라는 매개물을 통해 보여주는데 심층의 내면에서 일어나는 자기반성은 간접적일 때 효과가 더 크게 느껴진다.

이 비밀 언제 숨겨 놓았나
서럽고 번쩍 반갑기도 한 이 울음
불혹의 나이테를 돌며 우는 이 나무의 둥근 울음을 어떡하나

잡목 숲을 지나 우리는 이 소나무 숲에 자주 들리곤 해서
언젠가 삭정이 같은 몸 기대어 몸도 마음도 아파서
그때, 그 여자의 제비꽃 입술 파르르 떠는 것 같았지만
두 눈은 노란 민들레꽃처럼 웃고 있었지만

나 오늘 혼자 어쩔 줄 모르네
이 짙푸른 나무의 정적을 뚫고 들리는
배고픈 아이의 옹알이 같은 이 나무의 오래된 울음을

–「나무의 둥근 울음」 전문

나무는 죽어서야 제 몸에 숨긴 나이를 보여준다. 몇 해를 살았는지 그 나무를 심은 사람만이 나이를 알 수가 있다. 식수植樹 날짜가 적혀 있지 않는 고목의 나이를 우리는 대략 짐작만 할 뿐이다. 평생 제자리에서 맴돈 나무의 나이는 둥글다. 그것은 나무가 울었던 눈물의 흔적, 제 몸에 새긴 둥근 파문이다. 잡목 숲을 지나 이 소나무 숲에 자주 들리곤 하던 시인도 언젠가 몸도 마음도 아파서 삭정이 같은 몸 기댄 적도 있었다. 어느덧 불혹이라는 나이테가 생겨 다시 숲에 드니 노란 민들레꽃처럼 웃던 사람도 자취 없고 어쩔 줄 모르는 혼자이다. 그때서야 아이의 옹알이 같은 이 나무의 오래된 울음을 듣는다. 울음에 익숙한 시인은 '나무의 울음'까지 들을 수 있는 것이다.

열어놓은 창을 통하여
옆집 갓난이 울음소리가 나팔꽃처럼 넘어온다
배가 고픈지 무서운 꿈을 꾸었는지
보채며 우는 아가 울음소리에도 애 엄마는 어디 갔는지
울음소리는 더더욱 가시에 찔린 듯 자지러진다
안타까움을 넘어 은근히 부아 끓어오르고 가슴 졸이고
지금 한밤중 남한산성 너머 잠 멀리 달아났어도 아가야
제발 소용없는 울음을 멈추어라. 아가야,
나는 아가를 마음으로 보듬고 간절히 다독여 준다
아가는 울면서도 창 넘어간 내 마음을 받았는지
금세 거짓말처럼 조용해진다. 적막해진다
옆집 아가는 신통하다. 나도 이제 마음의 창 열어놓고

집 나간 그를 맞아야겠다

–「창」 전문

창은 '소통' 을 할 수 있는 '출구' 이다. 창이 닫히면 '소통' 은 끊어지고 창은 '벽' 이 되고 만다. 아이울음이 나팔꽃처럼 넘어오는 곳도 열린 '창문' 이다. 아이에게 엄마의 부재는 절망에 가깝다. 자지러진 울음소리에 시인의 단잠은 남한산성 너머 멀리 달아나버렸다. 잠을 놓친 시인은 은근히 끓어오르는 부아를 누르고 마음으로 울음을 보듬고 간절히 다독여 준다. 창 넘어간 마음을 받았는지 아이는 금세 거짓말처럼 적막해진다. 마음의 창마저 열리는 시 한 편이 그림처럼 아름답다. 시인이 사는 그 집 창문에는 필시 색색의 고운 나팔꽃이 창을 오르고 있을 것이다. 아이의 울음을 받아 삼킨 나팔꽃의 분홍빛 귀는 먹먹해져서 아침마다 더 크게 뚜뚜-- 나팔소리를 문틈으로 밀어 넣을 것이다. 서정시의 품격을 갖춘 나석중의 따뜻한 시편들은 '동정' 과 '연민' 을 동시에 느끼게 한다.

괜찮다
몸 한구석에 귀뚜라미가 울어도.

보이지도 않는 귀뚜라미는 왜 와서 우는지
요즈음 보이지도 않는 아들에게 섭섭한 생각이 들 때
나는 깜짝깜짝 뉘우친다
하늘에 계신 아버지도 나에게 서운한 때 많았을 것이라고.

그러니 아들아 너는 걱정하지 마라
모든 게 철부지해 가는 이 느티의 심사
너도 일가를 이룬 나무, 몰아치는 비바람 잘 견디며
귀뚜라미처럼 괜히 와서 우는 일 없도록.

해가 짧아지면서 오른쪽 무릎에서 악기 소리가 나지만
몸이 알아서 현 한 줄 심심치 않게 튕겨주는 일
이제 뼈가 닳고 가슴이 바트는 일도
괜찮다. 괜찮다

—「느티나무」 전문

시적 인식의 최종적인 완성은 이성적 분석보다는 감성적 교감일 것이다. 자신에게서 출발하여 타자를 거쳐 돌아오는 원점회귀는 '우리'는 '한 몸'이라는 걸 말해준다. 늙은 느티나무의 뿌리는 떠나간 자식에게 닿아 있다. 해가 짧아진다는 것은 겨울이 가까이 오는 것이고 한 해가 저문다는 것이니 생의 황혼에 접어들었음을 의미한다. 무릎이 '운다'는 것은 '뼈가 닳고 가슴이 바트는' 일이다. 부모를 떠나 일가를 이룬 자식에게 몰아치는 비바람을 잘 견디라고 당부하는 시인은 상처 많은 늙은 느티나무다. 무릎의 통증도 "몸이 알아서 현 한 줄 심심치 않게 튕겨주는 일"이라고 괜찮다. 괜찮다 위로한다.

그러고 보니

누가 한 말인지는 모르겠으나
눈물이 약이라는 말을 하고 싶구나
그 눈물이
내 몸 한구석 남은 상처 하나까지
꾸둑꾸둑 마르게 하고 있다

―「그믐께」 부분

시인의 상처를 다독여주는 것은 '눈물'인데 시를 구축構築하는 도구로 쓰이는 "울음"은 시인이 이 세상을 건너는 한 방법이다. 시인의 인식이 진실에 도달하는 순간 감동은 확산된다. 구체성이 사라진 추상성은 공허한 이야기가 되어 독자에게 닿지 못하지만 언어라는 시의 질료가 구체성을 가질 땐 시적 감응感應을 불러일으킨다. 내 몸 한구석 남은 상처 하나까지 꾸둑꾸둑 마르게 하는 것은 다름 아닌 '눈물'인 것이다. 현실 속에 침윤浸潤된 화자의 슬픔은 '부정'이 아닌 '긍정'으로 나타난다. 여기서 '긍정'은 '부정"보다 더 강한 설득력을 지니고 있다. '그믐'이라는 말에는 '끝'이라는 말과 '끝'의 앞인 '시작' 도 들어 있다. 화자는 '가버린' 것보다는 '다가' 올 것이 있어 절망하지 않는다. 그 긍정의 '힘'이 시인을 일으켜 세우고 막막한 세상을 건너게 하는 것이다.

낯빛이 옥잠화인 이 여자
이 여자의 아랫입술 아래 왼쪽 볼우물 기슭에
저 반짝이는 참새 눈망울 같은 점 때문일까

무슨 점이냐고 내가 물으니
식복食福을 가져다주는 점이라 한다. 이어 말하기를
이 점 때문인지는 몰라도
평생 밥 먹고 사는 데는 걱정 없었다고 파르르 웃는데
얼핏 눈가에 그늘 한 잎 나부낀 것 같아서
나는 엉뚱하게도 그 식복에 입을 대고 싶다
이 점 데려다가 인생의 불씨를 새로 던지든지
그냥 마침표를 찍어도 좋겠다는 생각이 들기도 하는
저 안개 걷힌 호수에 돌멩이 하나 풍덩 던지고 싶은
점 · 점 · 점 · 모를 점이다

—「점點」 전문

시인은 고요한 호수인데 돌멩이 하나를 풍덩 던진 건, 바로 낯빛이 옥잠화처럼 흰 여인이다. 식복食福을 가져다주는 입가의 점, 평생 밥 먹고 사는 데는 걱정 없다고 웃는데 얼핏 눈가에 그늘 한 잎 나부낀다. 엉뚱하게도 그 식복을 데려다 인생의 불씨를 새로 지피고픈 욕망은 식복을 부르는 점이 아니라, 얼핏 눈가를 스쳐간 '그늘' 인 것이다. 동병상련이라 했던가. '그늘' 의 뼈저림을 아는 시인에게 여인의 숨은 '그늘' 이 연민을 불러 일으켰을 것이다. 마치 점은 마침표 같아서 시인은 오래 떠돌던 마음에게 마침표를 찍어주고 싶은 것이다. 위 작품에서도 시인은 '숨겨둔' '슬픔' 을 '점' 이라는 것으로 슬쩍 가려두고 있다. 직접 드러내지 않는 은근한 '슬픔' 이 시의 맛을 더해준다. 이와 같은 연민은 「개복숭아」에서도 엿볼 수 있다.

지지리, 어디서 끌려갔던 울음 삭이고 있을까
그 여자 말없이 꽃 필 때는 누가 거들떠보지 않았다
그 여자 잎 내고 말 더듬거릴 때만 해도 참 복숭아와 별반 다를 게 없었다
그 여자 어느 날부턴가 일본위안부처럼 종적이 묘연해지곤 했는데
알고 보니 익지도 않은 연둣빛 그 처녀의 순결이 문제였던 것이다
따 먹으면 눈도 맑아지고 고목에 회춘까지도 돌아온다는 헛소문이 돌면서
오늘도 어느 중늙은이가 산성 오르는 후미진 곳에서
뻔뻔스럽게 그 여자 훑어가는 것 보았다
이름이 천하면 명은 길다 하였건만 그렇게, 지지하게

—「개복숭아」 전문

'개' 라는 말이 붙는 것들은 대개 만만하고 천한 것들이다. 복숭아 축에도 못 끼는 개복숭아는 이름에 걸맞게 산성 후미진 곳에 산다. 이름이 천하면 명은 길다는데 회춘을 하고 싶은 어느 중늙은이가 그만 그 여자를 훑어가고 만다. 여기서 주목할 것은 '훑다' 라는 '행위' 이다. '훑는' 다는 것은 '함부로' 라는 말과도 통하는 말이다. 채 익기도 전에 그만 지지하게 명을 다한 '개복숭아' 에게도 말 못할 '슬픔' 이 배어있어 마치 돈 몇 푼에 늙은이에게 팔려가는 가난한 집 어린 처자와 같은 것이다.

어디선가 울음을 삭이고 있을 힘없고 가련한 것에게 시인은 마음이 끌린다. 시인은 소멸해가는 낡고 빛바랜 '존재' 들에게 안타까운 시선을 보내지만 뻔뻔스러운 그 행위를 바라볼 수밖에 없는 힘없는 약자일 뿐이다.

그러나 마침내는 주름지고 속으로는
힘없이 삭아들겠지. 온몸으로 받아들였던 사랑과
햇빛의 단단한 압축을 풀며 새빨갛다 못해
검어져 가는 지독한 향내 발산하며 한 번 더
내 손이 닿기 전에 서녘으로 사라지겠지
나의 저물녘에 낙관 하나 번쩍 찍어놓고
그대는 아무렇지도 않게 조용히,
조용히…

–「금성金星」 부분

햇빛의 단단한 압축을 풀지 못한 사과 한 알이 시들어간다. 한때 햇빛은 사랑이었지만 그 햇빛으로 숙성한 사과의 끝은 '죽음' 과 '소멸' 이다. 상큼한 향기도 이젠 악취를 풍기는 검은 빛이다. 시인이 사랑했던 것은 어쩌면 그가 평생 짝사랑해온 '詩' 가 아니겠는가. "여윈 손 안에서 펄떡이던 슬픈 사랑은 희고 작은 영혼의 접시 위에 아직 살아있지만 저물녘에 낙관 하나 찍어 놓고 손이 닿기도 전 조용히 사라질 것이라고 말끝을 흐린다. 끊어진 말의 꼬리가 왠지 서러운 여운을 남긴다. 시인은 '저물어' 가는 것들에게 오랫동안 초점을 맞추는데 이와 같은 맥락은 「늙은 호박」에서도 볼 수 있다.

> 그냥 늙었다는 말보다 단단히 쇠였다는 말이 옳으리라
> 탱탱하다/잘 익었다/윤기 돈다
> 살면서 웬만큼 바람 드는 일쯤은, 열 받는 일쯤은
> 끄떡없을 것 같은 묵언으로 꽉 찬 노련함이 보인다
> 잠시 이깟 늙은이를 뭐에 써먹을까 생각했던 일이 미안하고
> 송구해 지는 이 둥근 몸통 속에는 무엇이 들었을까
> 중지 마디를 구부려 톡톡 비장품을 두드려보니
> 곯아 터지지 않은 맑은 음악이 통통 튀어 오른다
> 이미 두어 차례 서리를 맞고도 대지의 탯줄 끊지 않은
> 아직도 수유 중인
> 이 늙은 아이를 며칠은 더 두고 봐야겠다

—「늙은 호박」 전문

찬바람에 쇠어버린 호박은 실팍해서 한 아름이다. 꽉 찬 묵언이 그 안에 있다. 이깟 늙은이를 뭐에 써먹을까 생각했는데 두드려보니 맑은 음악이 통통 튀어 오른다. 두어 차례 서리를 맞고도 탯줄을 매달고 아직도 수유 중인 늙은 아이는 바로 시인 자신이 아닌가? 시와 더불어 사는 노시인의 마음은 늘 아이처럼 해맑다. 며칠은 더 두고 봐야겠다는 것으로 시의 '가능성'을 남겨둔다. 식지 않는 시를 향한 '열정'이다. 시인의 몸을 두드려보면 태어날 시들이 통통 튀어오를 것이다. 문청시절 가슴앓이를 할 정도로 시에 빠졌다가 문단의 좋지 않은 풍문을 듣

고 실망해 40년을 절필했다는 시인은 다시 그 청년의 때로 돌아와 밤을 지새며 시를 쓴다.

그래서 춘천은 젊지
'춘천' 이란 '봄내' 나는 말이지
물오른 춘천에는 봄 처녀인 소양강 처녀가 살지
송어의 속살 같은 그녀에게
버들가지 하나 드리웠으나
빙어 같은 마음 한 마리 얻질 못했지
소양댐에서 피어나는 물안개 같아
다가서면 저만치 물러서고
물소리에 젖은
낮달 하나 가슴에 떠 있었지
강을 타고 온 외로움이 발목을 적시는 곳
흥얼흥얼 새로 난 혈맥 위를 밀물 쳐 가면
춘천은 저 아스란 강 끝, 처녀림 빼곡한 섬
콧노래 부르며 자리 펴기 좋은
'춘천' 은 '봄내' 나는 말
그래 춘천은 젊지

–「춘천春川」 전문

춘천이란 말에서 '봄' 냄새가 나고 '물 냄새' 가 난다. 춘천에는 물오른 봄이 있고 소양강 처녀가 있다. 피어나는 물안개 같아 다가서면 저만치 물러서는 물소리에 젖은 낮달 하나 가슴에 떠 있다. 시인은 젖은 낮달 하나 품고 평생을 살았을 것이다. 환한 대낮에 낮달을 기억하는 이는 몇이나 될까? 어둠이 몰려오면 캄캄한 하늘의 등대가 되는 낮달, 시는 시인에게 어두운 세상을 건너게 해줄 '등대'와 같은 존재이다. 길을 가다 낮달을 만나면 왠지 모를 안타까움에 가슴이 저리는 시인은 희미한 '낮달' 마저도 볼 수 있는 눈을 가졌다. 낮달과 같은 '꿈'을 품고 시인은 수많은 봄을 건너버렸다. 어느 날 시인은 춘천에 가서 다시 '봄'을 보았다. 메마른 마음에 물이 올라 "영혼의 하얀 접시"에 싱싱하고 '촉감'이 좋은 시를 담을 수 있을 것이다. 「딸그락딸그락」이란 작품에서도 시에 대한 열정과 의지를 엿볼 수 있다.

붕~ 붕~

조금 전, 여객선 뱃고동 울리며 넘어간 수평선 끝자락에 아직도 몇 알의 알섬들 풍뎅이같이 가물가물하다.

이도 저도 더 나아가거나 물러설 수 없는 데까지 흘러온 각진 제 몸과 마음이 있다

닦고

깎고

용맹정진하고 있는 몽돌 밭이 있다

예까지 와서 그들은, 한세상 되는 대로 살고 싶은 생각도 불쑥, 불쑥 나기도 하겠지만, 그때마다 철썩, 철썩 서로 뺨을 때리

며 기울어 가는 정신을 깨운다. 일으킨다
내 몸도 기꺼이 거기에 섞이어 온몸 몽그라지고 둥글어진다
딸그락 딸그락…

–「딸그락딸그락」 전문

몽돌은 스스로 제 살을 깎는다. 수없이 파도에 구르며 모난 몸을 다듬는다. 몽돌이 깊은 바다를 두려워하랴. 한세상 되는 대로 살고 싶은 생각이 불쑥 치밀 때면 그때마다 철썩철썩 뺨을 때리며 기울어 가는 정신을 일으킨 시인의 의지는 몽돌처럼 단단하다. 나석중의 시편 곳곳에 깔린 '낡음' 과 '소멸' 의 슬픔은 '허무' 로 이어지지 않고 '깨달음' 과 '완성' 으로 이어진다.

하얀 '영혼의 접시' 를 가진 시인, 그 작은 접시를 붙들고 홀로 먼 길을 걸어온 시인, 그러나 판은 벌어졌다. 드디어 ' 시 '와 샅바를 잡고 한 판 겨뤄볼 때가 온 것이다.